BELLES TAPISSERIES

DES

Gobelins et des Flandres

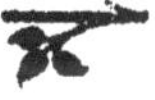

OBJETS DE CURIOSITÉ

ET

d'Ameublement

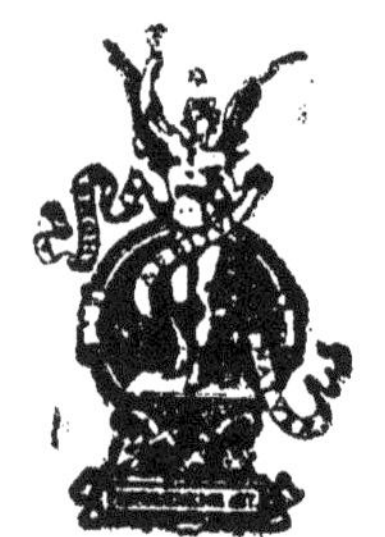

CATALOGUE

DE

BELLES TAPISSERIES

Des Gobelins et des Flandres

OBJETS DE CURIOSITÉ

ET

D'AMEUBLEMENT

MOBILIERS DE SALONS EN TAPISSERIE

MEUBLES ANCIENS

PENDULES DES XVIIe ET XVIIIe SIÈCLES

SCULPTURES, CADRES

BRONZES, ÉTOFFES

PORCELAINES ET FAIENCES

DEUX POTICHES EN VIEUX JAPON

Miniatures, Bijoux

DONT LA VENTE AURA LIEU

HOTEL DROUOT, SALLE N° 1

Le Samedi 8 Avril 1893, à 2 heures

COMMISSAIRE-PRISEUR

Me Paul CHEVALLIER

10, rue de la Grange-Batelière, 10

EXPERT

M. Charles MANNHEIM

7, rue Saint-Georges, 7

EXPOSITION PUBLIQUE

Le Vendredi 7 Avril 1893, de 1 heure 1/2 à 5 heures 1/2

CONDITIONS DE LA VENTE

Elle sera faite au comptant.

Les acquéreurs payeront CINQ POUR CENT en plus des prix d'adjudication.

L'exposition mettant le public à même de se rendre compte de l'état des objets, aucune réclamation ne sera admise une fois l'adjudication prononcée.

Paris. — Imp. de l'Art, E. MÉNARD et Cie, 41, rue de la Victoire.

DÉSIGNATION DES OBJETS

TAPISSERIES

1 — Tapisserie des Gobelins, d'après Bérain, XVIIIe siècle. Elle représente une femme tenant un triangle et dansant au son d'une basse de viole, d'une mandoline et de cymbales dont jouent trois personnages vêtus de riches costumes et placés au premier plan. Le fond est occupé par un portique à balustres élancés, surmonté de sphinx, de guirlandes de fleurs, d'oiseaux et d'instruments de musique. Au milieu, sous un dais, se balance une perruche. Des brûle-parfums, des sphères

de cristal, des vases de fleurs sont placés sur la balustrade du portique ou suspendus à la corniche. Bordure de larges feuilles d'acanthe sur fond bleu interrompue par des cartouches.

Haut., 3 mètres; larg., 3 m. 15 cent.

2 — Tapisserie rectangulaire en largeur, du XVIIIe siècle : le Départ pour le marché. De nombreux personnages dans la ferme sont occupés aux préparatifs du départ. Les uns chargent de légumes le bât d'un âne ; d'autres sont en train de traire une vache. A droite, des servantes nettoient la vaisselle et récurent les cuivres. Le premier plan est jonché d'une quantité de chaudrons, marmites, poêlons et autres ustensiles au milieu desquels picorent des volailles.

Haut., 2 m. 70 cent.; larg., 3 m. 85 cent.

3 — Tapisserie du XVIIIe siècle. Un groupe de paysans, à la porte de la ferme, char-

gent des hottes de légumes. L'un d'eux caresse un chien de garde enchaîné à sa niche. Cette tapisserie semble avoir fait partie de la précédente.

Haut., 2 m. 70 cent.; larg., 2 m. 10 cent.

4 — Tapisserie rectangulaire en largeur en deux parties, du XVIIIe siècle : Fête champêtre. Sur la place du village, s'avance un cortège composé de jeunes filles endimanchées et parées de fleurs, portant un chaudron plein de lait ; il est précédé de musiciens. A droite, un jeune homme verse à boire à d'autres jeunes filles groupées sous les arbres. De la même suite que la précédente.

Haut., 2 m. 70 cent.; larg., 5 m. 60 cent.

5 — Fragment d'ancienne tapisserie : le Jeu de la main chaude.

6 — Grande tapisserie rectangulaire des Flandres du XVIIe siècle : allégorie de la

Force et de l'Abondance. Assises toutes deux, vêtues de riches draperies à l'antique, l'une, l'Abondance, est placée entre deux Amours portant des fruits et tourne la tête vers le soleil qui luit derrière elle. L'autre, la Force, ayant à ses côtés un génie tenant la foudre, montre du doigt le phénix qui renaît de ses cendres. Le sujet est entouré de trophées d'armes, de pièces d'orfèvrerie, de gerbes de blé et de guirlandes de fruits. Fond de paysage enrichi de ruines et d'enfants. Riches bordures de fleurs et fruits, vases renversés, bustes avec les figures allégoriques des points cardinaux aux angles.

Haut., 3 m. 75 cent.; larg., 5 m. 65 cent.

7 — Tapisserie du XVIIe siècle représentant une scène de sacrifice, avec bordure de fleurs et génies ailés aux angles.

Haut., 3 mètres ; larg., 4 mètres.

8 à 10 — Suite de trois tapisseries du XVIIIe siècle : sujets mythologiques à petits personnages dans des paysages avec habitations. Jugement de Pâris, Apollon et Daphné, Apollon chassant. Bordures de guirlandes de pampres, fruits, entrelacs et rubans sur fond marron.

11 — Portière formée d'une tapisserie du XVIe siècle représentant un tigre dévorant une biche. Animaux divers en haut et en bas.

12 — Tapisserie verdure avec deux personnages debout au premier plan. Bordures de fleurs. XVIIe siècle.

13 — Portière en tapisserie verdure avec oiseaux et habitations. XVIIIe siècle.

14 — Quatre fragments de bordures en tapisserie à feuillages sur fond jaune. XVIIe siècle. Environ 7 m. 65 cent.

*

15 — Bande en ancienne tapisserie : oiseaux et fleurs sur fond marron. Long., 2 m. 10 cent. environ.

ÉTOFFES

16 — Neuf portières en tapisserie au point du XVIIe siècle, à décor de corbeilles de fleurs, oiseaux, carquois, rubans sur fonds blanc et bleu.

Haut., 2 m. 35 cent.

17 — Petit panneau brodé au point : à personnage vu à mi-corps.

18-19 — Dix-sept fragments d'étoffes coptes, byzantines, etc.

20 — Carré en broderie au point; sujet mythologique. XVIIe siècle.

21 — Couvre-lit en coton brodé à figures et

rinceaux. Ancien travail des colonies portugaises.

22 — Cinq pièces, brocatelle verte et jaune : portières, bandes, panneau.

23 — Deux fragments en velours rouge brodé en fin, décorés d'un calice et d'un agneau pascal. XVIe siècle.

24 — Trois bandes : deux en velours de Gênes rouge ciselé à fond jaune, et l'autre en brocatelle à personnages et rinceaux jaunes et vieux rose.

25 — Trois pièces : culotte, gilet, habit en ancien velours rouge de Gênes.

26 — Quatre pièces : culotte, habit et manteau en velours noir, avec parements de soie verte armurée brodée en fin, et gilet en soie verte armurée.

27 — Habit en velours saumon brodé en fin à palmettes.

28 — Veste en damas orangé brodé en fin.

29-30 — Deux tapis de selles, l'un en velours violet brodé argent en haut-relief, l'autre lamé argent avec paillettes.

31 — Quatre pièces : deux coiffures, l'une en velours rouge, l'autre en coton brodé, et deux corsages, dont l'un en brocart.

32 — Quatre rideaux en brocatelle jaune à ramages.

33 — Garniture de sept croisées, rideaux, lambrequins et embrasses en velours ciselé à fond jaune et ramages rouges.

MEUBLES ET SIÈGES

34 — Chaise à porteurs du temps de Louis XV, en bois sculpté et doré à motifs rocaille, décorée de panneaux peints à sujets allégoriques sur fond doré.

35 — Bergère et deux fauteuils du temps de Louis XVI, en bois sculpté et doré ; dossiers octogones à boucles fleuronnées et supports enveloppés d'acanthes ; ceinture d'une ornementation analogue ; pieds cannelés en spirale. Ces trois sièges sont recouverts en taffetas du temps, à fleurettes brochées en couleur sur fond blanc à raies damassées. Signés : S. BRIZARD.

36 — Commode Régence en palissandre et bois de violette, à trois rangs de tiroirs encadrés d'une bordure de chevrons en marqueterie de citronnier. Elle est enrichie de bronzes : chutes à têtes de

femmes, sabots, entrées et poignées de tirage. Tablette de marbre bordée d'un quart de rond. Ce meuble porte les initiales *F. G.*

37 — Commode du temps de Louis XV, de forme contournée et à deux tiroirs, laquée dans le goût chinois, à décor de fleurs et d'oiseaux en couleur et dorure sur champ noir. Elle est enrichie de beaux cuivres ciselés et dorés, tels que chutes à rinceaux et rocailles, entrées, poignées de tirage, sabots, et porte la signature : *Dubois*. Dessus en marbre sarancolin bordé d'un quart de rond.

38 — Petit bureau rectangulaire à pieds cannelés, en acajou enrichi de listels perlés et de feuillages appliqués en bronze. Le dessus, laqué dans le goût chinois, à figures et kiosques en relief, est bordé d'une galerie de cuivre ainsi que la tablette d'entrejambes. Il est signé : *N. Petit*. Époque Louis XVI.

39 — Table de trictrac du temps de la Régence en bois sculpté à feuillages, coquilles et quadrillés; le dessus forme échiquier.

40 — Quatre fauteuils en partie du temps de Louis XVI en acajou sculpté et doré, à décor de feuillages, cannelures, rangs de perles et tores de laurier, c soie rose et crème moderne à rayures et bouquets brochés.

41 — Canapé en partie du temps de Louis XVI à décor de torche, marotte et lyre entrelacées de feuilles de roses, de chêne et de laurier, couvert comme les fauteuils précédents.

42 — Quatre chaises en partie du temps de Louis XVI à décor de baguettes enrubannées, attributs de musique et feuilles d'eau, couvertes comme le canapé précédent.

43 — Bergère Louis XVI à bois sculpté et laqué blanc à feuillages sur pieds cannelés en spirale, signée : *Brizard;* couverte en étoffe rouge.

44 — Huit sièges du temps de Louis XV en bois sculpté et peint blanc à fleurettes et moulures, couverts en damas rouge : six fauteuils et deux bergères.

45 — Deux fauteuils Louis XV, cannés, en bois sculpté à motifs rocaille; en partie restaurés.

46 — Meuble de salon en bois sculpté et peint blanc et jaune, couvert en tapisserie du temps de Louis XVI à sujets champêtres et scènes tirées des fables de La Fontaine, sur fond blanc rehaussé de guirlandes de fleurs et avec encadrements bleus ; il comprend un canapé et huit fauteuils.

47 — Tabouret de pied en bois sculpté Louis XV couvert en tapisserie du temps de Louis XVI, à personnage sur fond blanc.

48 — Trois pièces : canapé et deux fauteuils Louis XVI en bois sculpté et peint blanc à rais de cœur, couvert en satin rayé blanc et bleu à fleurettes.

49 — Écran analogue aux meubles précédents, avec feuille en satin imprimé.

50 — Quatre fauteuils Louis XV en bois sculpté et peint blanc et vert, couverts en étoffe imprimée.

51 — Meuble de salon en bois sculpté et doré à rubans et feuillages couvert en tapisserie du XVIIIe siècle, à personnages et sujets tirés des fables de La Fontaine, avec encadrements orangés à fleurs ; il comprend un canapé, deux fauteuils et deux chaises.

52 — Console demi-circulaire en bois sculpté et doré, de l'époque Directoire, sur quatre pieds contournés et cannelés terminés en pieds de biches.

53-54 — Quatre fauteuils Louis XIII, presque semblables, en bois à pieds et bras tors, couverts en tapisserie au point.

55 — Table de style Louis XIII, en marqueterie à fleurs, sur pieds tors reliés par un entrejambes.

56 — Deux torchères en bois sculpté, peint et doré : négrillons.

57 — Piano à queue en palissandre, système Steinway, de New-York, Mangeot frères.

PENDULES

58 — Horloge à gaine contournée, dite régulateur, en marqueterie de cuivre sur

écaille, enrichie de cuivres dorés, mascarons, emblèmes, rinceaux, feuillages, chutes, écoinçons. Époque de la Régence.

Haut., 2 m. 12 cent.

59 — Cartel-applique du temps de Louis XV en bronze doré à motifs rocaille et fleurs, avec figurine d'amour et groupe de colombes.

60 — Pendule-applique et son socle Louis XV, en marqueterie de cuivre et d'écaille garnie de bronzes, figurine d'amour tenant une lyre et bas-relief, femmo et attributs de musique.

61 — Pendule-applique et socle en marqueterie de cuivre et d'écaille garnie de bronzes, figurine, bas-relief, chutes, etc. XVIIIe siècle.

62 — Cartel de style Louis XVI en bronze

doré : le mouvement est soutenu par une figure du Temps et surmonté d'une statuette d'amour. *Maison Sévenier.*

63 — Garniture de cheminée de style Louis XV en bronze patiné et doré, se composant d'une pendule et de deux candélabres à trois lumières, à décor de figurines de personnages chinois.

SCULPTURES

64 — Bas-relief en albâtre, XVIe siècle : le chemin de Damas; il est compris dans un encadrement architectural à colonnettes en bois sculpté, stuqué, peint bleu et doré à décor de rinceaux, petits génies, chimères, etc., avec fronton découpé contenant deux autres bas-reliefs en albâtre, le Père Éternel et un chérubin.

Haut., 1 m. 7 cent.; larg., 55 cent.

65 — Retable de forme architecturale en bois sculpté, peint et doré, représentant la Nativité; le fronton offre le sujet de saint Jérôme dans le désert. XVIe siècle.

Haut., 1 m. 5 cent.

66 — Médaillon ovale en marbre blanc sculpté en bas-relief : buste de profil à gauche de jeune femme, une couronne de laurier sur la tête; au bas, la légende *Olympias Alexandri Mater.* XVIIe siècle.

67 — Médaillon ovale en marbre blanc pouvant faire pendant au précédent : buste d'Apollon de profil à droite, la tête laurée, le carquois dans le dos. XVIIe siècle.

68 — Buste en marbre blanc : Cérès. XVIIe siècle.

69 — Encadrement de glace Louis XVI en chêne sculpté à guirlandes de roses enrubannées, consoles feuillagées, canaux,

rangs de perles et de piastres, oves et rais de cœur.

Haut., 2 m. 3 cent.; larg., 1 m. 74 cent.

70 — Deux petits supports-appliques, bois sculpté et doré à quadrillés, têtes de dragons et feuillages.

71 — Petit bénitier en bois ajouré, sculpté et doré, à décor de rinceaux. XVIIIe siècle.

72 — Deux cadres Louis XVI en bois sculpté et doré à décor de feuillages et rubans et de canaux.

73 — Deux autres, Louis XVI, en bois sculpté et doré à crossettes, feuillages, rubans et rangs de perles.

74 — Autre, Louis XVI, en bois sculpté et doré, à décor de carquois, oves et rais de cœur.

75 — Deux autres, Louis XVI, en bois sculpté et doré, attributs de jardinage.

76 — Autre, Louis XVI, en bois sculpté et doré, instruments de musique.

77 — Petit bas-relief en albâtre peint : la Mise au tombeau.

78 — Statuette de Voltaire vêtu à l'antique et assis, terre cuite d'après Houdon. Base en marbre bleu turquin.

PORCELAINES ET FAIENCES

79 — Deux potiches couvertes en ancienne porcelaine du Japon à décor bleu, rouge et or de lambrequins, rinceaux fleuris et animaux.

Haut., 60 cent.

80 — Tasse droite et sa soucoupe en vieux

Sèvres, pâte tendre, à décor de guirlandes de myosotis sur fond jaune.

81 — Autre, vieux Sèvres pâte tendre, à décor de jetés de myosotis sur fond jaune.

82 — Autre, vieux Sèvres pâte tendre, à décor de quadrillés et petites rosaces.

83 — Autre, vieux Sèvres, pâte dure, à décor de pois d'or et bandes de guirlandes de feuillages entrelacées.

84 — Deux cache-pots, porcelaine tendre à décor de filets dorés et fleurettes.

85 — Tasse et sa soucoupe, ancienne porcelaine de Frankenthal, à décor de fruits sur fond de filets dorés.

86 — Cabaret solitaire en ancienne porcelaine à la Reine, à décor de bandes de

fleurettes, composé d'un plateau, pot à crème couvert, sucrier couvert, tasse et soucoupe.

87 — Deux tasses droites et soucoupes en porcelaine Empire, à figures sur fond d'or.

88 — Trois tasses droites et soucoupes, porcelaine dure à décor de chevrons dorés.

89 — Deux vases à anses à enroulements, en porcelaine, à décor d'oiseaux avec guirlandes de fleurs en relief; rehauts de dorure.

90 — Deux vases de pharmacie ovoïdes, en ancienne faïence de Castel-Durante, au monogramme du Christ, et décor de rinceaux sur fond bleu.

91 — Deux autres : médaillons de saints personnages.

92 — Autre : trophées et têtes humaines.

93 — Grand vase couvert à anses, mufles de lions en ancienne faïence de Nevers, décor de rinceaux et paysages en camaïeu bleu.

94 — Légumier couvert avec plateau, en ancienne faïence de Rouen, décor polychrome à la corne.

95 — Petite cruche en ancien grès brun d'Allemagne, à mascaron barbu.

BRONZES

96 — Plaquette circulaire en bronze doré, par *Fra Antonio da Brescia*, fin du xve siècle : Bacchante endormie et satyres. A gauche, près d'un pilier sur lequel on lit le mot VIRTVS, on voit une femme endormie, près d'elle sont deux

enfants, deux satyres soulèvent la draperie qui couvre la femme. (Catalogue des plaquettes, par Molinier, I, 122.)

97 — Deux petits flambeaux-cassolettes Louis XVI, en forme de brûle-parfums, en bronze.

98 — Deux statuettes en bronze : patine brune ; Vénus et Antinoüs ; bases en marbre rouge.

99 — Lustre à vingt-quatre lumières en bronze garni de cristaux, à pyramides et pendeloques.

100 — Plat creux en cuivre repoussé, gravé et doré ; au fond, le sujet de l'Annonciation.

MINIATURES, BIJOUX

OBJETS VARIÉS

101 — Miniature par *Isabey*, signée : Portrait de l'impératrice Marie-Louise, vue à mi-corps, un voile blanc lui couvrant la tête, avec des roses dans les cheveux, vêtue d'un corsage blanc enguirlandé de roses. Encadrée.

102 — Gouache, par *Charlier*, non signée : Vénus et l'Amour endormis ; au premier plan, deux colombes. Encadrée.

103 — Miniature ovale sur ivoire : Jeune Femme, vue à mi-corps, en costume Louis XV, tenant une corbeille de fleurs sur la tête.

104 — Deux miniatures ovales : Portraits de femmes, l'une, en costume Louis XVI,

aigrette et plumes dans la coiffure, corsage décolleté ; l'autre, coiffée d'un bonnet, corsage rouge.

105 — Médaillon en émail : Sainte Femme, vue en buste, signé : *R. Mussard. fecit. 1731.* Encadré.

106 — Parure en corail enrichie de petits brillants et montée en or, argent doré et cuivre, composée de : un collier, deux pendants d'oreilles, deux boutons de manchettes, une broche, cinq épingles de coiffure et deux bracelets variés. Avec écrin.

107 — Montre et chaîne en or.

108 — Bracelet en or.

109 — Crayon en or.

110 — Deux bagues en or.

111 — Deux boucles d'oreilles, or et perles.

112 — Boîtier de montre ovale en cuivre ajouré orné d'un émail : le Portement de croix.

113 — Boîte à thé chinoise, en étain, à cinq flacons, et couvercle à recouvrement.

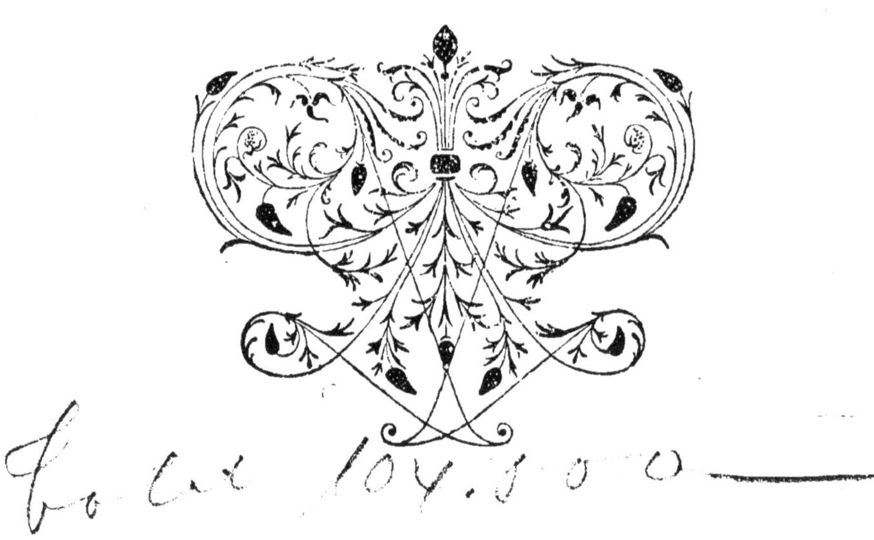

www.ingramcontent.com/pod-product-compliance
Ingram Content Group UK Ltd.
Pitfield, Milton Keynes, MK11 3LW, UK
UKHW020525180726
13839UKWH00005B/2314